<덜컹! 비행기가 왜 흔들려요?> 는 다양한 경력을 가진 에어로케이 승무원들이
비행기를 탈 어린이들을 위해 쓴 책이에요. 간호사, 특전사, 응급구조사, 수상
인명 구조 요원, 공항소방대 소방원 등 안전 전문가들이 모두 모였답니다.
비행기에 대한 궁금증부터 비상상황 대처법까지! 비행기에서 일어날 수 있는
다양한 상황들에 대해 알아보아요.

2024년 9월 12일 1판 1쇄 발행
2025년 4월 30일 1판 2쇄 발행

기획·제작　(주)에어로케이항공 AeroK.com
글　　　　(주)에어로케이항공 편집 육호수
그림　　　김단아, 이승은
디자인　　디자인이음
자문·감수　에어로케이항공 객실훈련팀, 운항객실안전품질팀, 안전보안실 항공·산업안전팀
　　　　　케이플러스 청담의원 안성희 대표원장

펴낸곳　　디자인이음 등록일 2009년 2월 4일:제300-2009-10호
주소　　　서울시 종로구 효자동 62 전화 02-723-2556 designeum@naver.com

값　　　　12,000원
ISBN　　 979-11-92066-38-7 77810

ⓒ 2024 에어로케이항공(주)
*이 책의 저작권은 모두 (주)에어로케이항공에게 있습니다. 저작권법에 의하여 한국 내에서 보호를 받는
저작물이므로 무단전재와 복제를 금합니다.
*파본이나 잘못된 책은 구입하신 곳에서 바꿔드립니다.
*이 책의 사용 연령은 8세~13세입니다.

덜컹! 비행기가 왜 흔들려요?

에어로케이 승무원이 들려주는

안전 비행 이야기

안녕하세요! 우리는
에어로케이 객실승무원이에요.

오정유 객실교관
경력 객실승무원

박은희 승무원
전 KTX 열차 승무원

송진 승무원
전 2급 응급구조사, 간호조무사,
의무부사관

고가연 사무장
경력 객실승무원

송주희 승무원
심폐소생술(BLS) 자격증 보유

신주식 승무원
전 수색대대·특전사 출신 군장교

이주연 승무원
전 수영 선수,
수상인명구조요원

윤인섭 승무원
전 체육 교사, 수영 강사
라이프가드 자격증 보유

김희진 승무원
전 간호사

김다혜 승무원
경력 객실승무원

이채영 승무원
전 공항소방대 소방원

오진화 사무장
경력 객실승무원

조재훈 승무원
경력 객실승무원

1장. 비행기는 어떤 교통수단일까요?

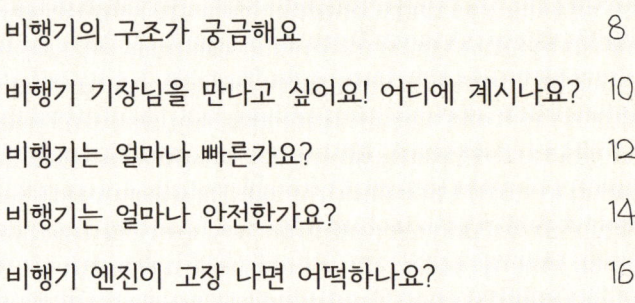

비행기의 구조가 궁금해요   8
비행기 기장님을 만나고 싶어요! 어디에 계시나요?   10
비행기는 얼마나 빠른가요?   12
비행기는 얼마나 안전한가요?   14
비행기 엔진이 고장 나면 어떡하나요?   16

2장. 비행기를 탑승할 땐

비행기에 가지고 탈 수 없는 물건엔 무엇이 있나요?   18
또 꺼내기 귀찮은 탑승권, 왜 자꾸 확인하는 걸까요?   20
비행기에 짐은 어디에 어떻게 보관해야 하나요?   22
보조배터리는 왜 기내 선반에 두면 안 되나요?   24
비행기가 뜨고 내릴 때 등받이를 왜 제자리로 해야 하나요?   26
제 동생은 아기인데, 동생도 옆에 앉을 수 있나요?   28
우리집 강아지와 함께 비행기를 타고 싶어요!   30

3장. 비행기가 흔들흔들, 마음이 두근두근 해요

비행기가 너무 흔들려요. 원래 이렇게 흔들리나요?   32
마음이 두근두근 불안해요.   34
귀가 아파요. 어떻게 해야 하나요?   36
피부가 바삭바삭 건조해졌어요.   38
다리가 붓고 몸이 찌뿌둥해요.   40

4장. 좌석에 앉아 있는데 화장실에 가고 싶어요

과자가 빵빵해졌어요! 42
비행기 창 밖에 있는 구름이 궁금해요! 44
비행기가 하늘을 날 때, 새는 어떻게 피할 수 있어요? 46
좌석벨트 그림은 언제 켜지고 언제 꺼지나요? 48
제 동생이 기저귀에 응가를 했대요! 50
화장실에서 물을 내렸더니 너무 시끄러웠어요. 52

5장. 비행기에서 비상상황이 발생했을 땐

갑자기 옆에 있는 사람이 쓰러졌어요. 어떻게 해야 하나요? 54
비상상황이 생기면 어떡해요? 56
비행기에 있는 비상장비들이 궁금해요! 58
비행기가 추락하고 있어요. 어떻게 하나요? 60
비행기가 물 위에 비상착수했어요. 62
비상착수한 다음, 물에서 구조대를 기다리고 있어요. 64

6장. 안전히 도착완료!

이제 비행기에서 내릴 시간이에요! 66
비행기에서 모든 사람이 다 내리고 나면, 비행기도 쉬는 건가요? 68
비행기에 중요한 물건을 두고 내렸어요. 찾을 수 있나요? 70

비행기의 구조가 궁금해요.

비행기는 조종실, 객실, 갤리, 승무원 휴식 공간으로 이루어져 있어요.

비행기는 조종실, 객실, 화장실, 갤리, 그리고 승무원 휴식공간으로 이루어져 있답니다. 그렇다면 이곳은 무엇을 하는 곳이고 어떤 곳인지 자세히 살펴볼까요?

기장님! 어디계세요?
조종실은 비행기의 가장 앞쪽에 있어요. 기장님과 부기장님이 여러분의 안전하고 즐거운 여행을 위해 열심히 일하고 계신답니다.

그럼, 우리가 앉아 있는 이곳은 어디일까요?
여러분이 편안하고 설렘 가득한 여정을 시작할 수 있도록 만들어진 공간인 객실이랍니다.

화장실이 가고 싶어요! 어디로 가야 하나요?
비행기마다 화장실 위치가 조금씩 다르지만 보통 비행기의 앞쪽, 중간, 뒤쪽에 있어요.

비행기의 주방, 갤리!

승무원들은 비행기 주방을 갤리라고 부른답니다! 갤리는 앞쪽과 중간 그리고 뒤쪽에 있어요. 갤리에는 기내에 필요한 모든 물품들이 보관되어 있어요. 그리고 여러분들이 맛있게 드시는 기내식들이 모두 갤리에서 만들어진답니다.

승무원들의 비밀 공간, 승무원 휴식 공간!

비행기에는 승무원들이 쉴 수 있도록 침대가 마련되어 있어요. 기종마다 다르지만 보통 비행기 객실 아래쪽이나 꼬리 쪽에 위치해 있어요.

 김다혜  윤인섭   조재훈

비행기 기장님을 만나고 싶어요! 어디에 계시나요?

기장님과 부기장님은 조종실에 있어 비행 중에는 만날 수 없어요.

우리 친구들이 비행기에 탈 때 승무원과는 인사하는데, 기장님이랑 부기장님은 안 보여서 궁금해하는 친구들이 많죠? 조종사들은 조종실에 미리 들어가 비행 준비를 하기 때문에 여러분이 볼 수는 없어요!

그런데, 이 조종실 문은 우리가 탑승하기 전에 이미 닫혀 있답니다. 그 이유는 보안*과 안전을 지키기 위해서예요. 조종실은 아무나 출입할 수 없는 공간이기 때문에 조종실을 드나들 때 특별한 출입 절차가 필요하답니다.

비행기를 조종하는 조종사의 수는 비행시간에 따라 달라져요. 먼 나라를 비행할 땐, 번갈아가며 화장실도 다녀와야 하고, 식사도 해야하기 때문에 안전을 위해 나눠서 교대로 조종한답니다. 교대로 조종하면 한 명의 조종사가 아프거나 비상상황이 발생했을 때를 대비할 수 있어요.

비행기를 타고 내릴 때 어쩌면 조종실의 작은 창문으로 기장님의 얼굴이 보이는 경우도 있으니까 비행기를 탈 때 조종실 창문을 잘 관찰해보세요!

그리고 한 가지 더 재밌는 사실은 이 조종실 문은 매우 단단한 재료로 만들어져서 총알도 뚫지 못한답니다. 마치 우리가 만화에서 보던 로봇 히어로처럼 아주 튼튼하죠!

 김다혜  윤인섭

 조재훈

***보안**이란? 우리의 안전을 지키고 유지하는 것을 말해요.

비행기는 얼마나 빠른가요?

A320-200 비행기는 한 시간에 최대 870km를 갈 수 있어요.

"기차는 빨라, 빠르면 비행기"라는 말이 있지요? 비행기의 속도는 정말 빠르답니다. A320-200 비행기의 최대 속도는 시속 약 870km예요. 한 시간 동안 약 870km를 갈 수 있는 속도이지요. 이것은 고속버스의 약 9배, KTX의 약 3배, 사람이 걷는 속도의 무려 225배나 된다고 해요. 대단하죠?

그렇다면 동물과 비교해 볼까요? 포유류 중 가장 빠른 치타는 시속 110km로 달릴 수 있고, 조류 중 가장 빠르기로 유명한 송골매는 시속 389km로 하늘을 날 수 있다고 해요. 세상에서 빠르다고 하는 동물들과 비교해도 비행기가 가장 빠르다는 것을 알 수 있겠죠?

비행기는 어떻게 이렇게 빠를 수 있을까요? 여기에는 두 가지 비밀이 있어요. 첫 번째는 강력한 엔진! 비행기에는 아주 크고 강력한 엔진이 공기를 빨아들이고 빠르게 밀어내며 앞으로 아주 빨리 날아갈 수 있게 도와줘요. 두 번째는 유선형* 디자인! 비행기의 모습을 살펴보면 매끈하고 날렵하게 생겼는데 이런 비행기의 생김새는 바람의 저항을 적게 받아서 빨리 날아갈 수 있죠.

신주식   조재훈

*유선형이란? 물이나 공기의 저항을 적게 하기 위하여 앞부분을 곡선으로 만들고, 뒤쪽으로 갈수록 뾰족하게 한 모양이에요. 물고기의 몸체가 유선형의 모양이랍니다.

비행기는 얼마나 안전한가요?

비행기는 세상에서 가장 안전한 교통수단 중 하나예요.

오늘 비행기를 처음 타서 사고가 나지 않을까? 하고 걱정하고 있는 친구들은 이 질문이 무척이나 반가웠을 거예요. 사실 비행기 사고는 매우 드물기 때문에 이제 걱정은 하지 말고 천천히 이 글을 읽어주세요! 왜 비행기가 가장 안전한 교통수단인지 알려줄게요.

첫째, 비행기는 출발하기 전 항상 철저하게 점검을 받기 때문이에요. 엄격하게 점검을 통과해야 우리가 가는 목적지로 출발할 수 있죠.

둘째, 위험한 상황을 피할 수 있게 도와주는 항공교통관제사님이 있기 때문이에요. 하늘 위의 모든 비행기는 미리 정해진 하늘길(항로)을 따라가며 항공교통관제사님과 계속 소통하고 있답니다.

셋째, 안전을 위한 다양한 최신 기술들을 비행기에 사용하고 있기 때문이에요. 예를 들면 다른 비행기들과 하늘에서 충돌하지 않도록 레이더 시스템*도 있어요.

조종사, 정비사, 승무원 등의 많은 사람들이 항상 비행기를 점검하고 그와 관련된 훈련을 열심히 받고 있답니다. 만약 지금 옆에 동생이나 친구가 무서워하고 있다면 "비행기는 세계에서 가장 안전한 교통수단이래" 라고 설명해주세요!

 신주식　 조재훈

***레이더 시스템**이란? 레이더는 전파를 이용하여 물체를 찾아내고 거리를 알아내는 기계를 뜻해요. 공항에는 비행기들이 서로 충돌하지 않도록 신호등 역할을 해주는 '항공 교통 관제'가 있어요. 이곳에선 레이더 시스템을 통해 비행기의 위치, 속도 등을 알 수 있답니다.

비행기 엔진이 고장 나면 어떡하나요?

비행기에는 두 개의 엔진이 있어 하나의 엔진이 고장나도 안전해요.

비행기가 날아가다가 엔진이 고장 나면 어떻게 될지 생각해 본 적이 있나요? 이런 일은 매우 드물지만, 만약 이런 상황이 발생한다 해도 걱정할 필요가 없답니다.

우리가 왼쪽 팔을 다쳐서 붕대를 감고 있다고 생각해 볼까요? 우리 팔은 왼쪽 손과 오른쪽 손이 있기 때문에 조금은 불편하겠지만 오른쪽 손으로 일상생활을 할 수 있겠죠? 비행기도 마찬가지입니다!

A320-200 비행기에는 두 개의 엔진이 있는데 한 개의 엔진이 고장 나도 다른 한 개의 엔진으로 한동안은 안전하게 날 수가 있어요. 하지만 엔진 하나가 고장이 나면, 가장 가까운 공항으로 빠르게 비상 착륙할 계획을 세워요. 무엇보다도 승객의 안전이 가장

우선이기 때문이죠. 이때부터는 승무원들이 승객들이 다치지 않도록 안전하게 착륙할 계획을 세우고 있으니, 승무원의 안내에 따라주세요.

 김다혜    조재훈

비행기에 가지고 탈 수 없는 물건엔 무엇이 있나요?

사람을 다치게 할 수 있는 위험한 물건은 가지고 탈 수 없어요.

비행기를 탈 때는 항상 보안검색대를 지나게 돼요. 비행기로 가져갈 수 없는 물건을 가려내기 위해 꼭 필요한 과정이랍니다. 사람이 많은 공항과 비행기의 안전을 지켜야 하니까요! 이렇게 공항에서 철저한 검색을 하는 이유는 잘못 가져간 물건이 하늘 위 비행기 안에서 아주 위험하게 사용될 수 있기 때문이에요.

총과 칼, 화살, 전자충격기, 폭탄, 가스류 등 위험한 물건들은 물론이고, 100ml 이상의 액체류와 장난감 총, 그리고 3분의 1이상 공기가 주입된 공, 풍선류 또한 가지고 탈 수 없답니다. 정해진 기준을 넘는 액체류는 위험한 용도로 사용될 수도 있고 장난감 모양을 하고 있지만 실제로는 사람을 다치게 할 수 있는 위험한 물건이 될 수도 있으니까요!

또 정해진 용량이 넘는 리튬배터리나 정해진 수가 넘는 라이터 등 화재 예방을 위해 금지된 물건들도 있어요. 이처럼 비행기에 가지고 탈 수 없는 물건들의 종류는 아주 다양하죠. 그러니 우리의 안전을 위해 항공권을 받기 전 안내 사항을 꼭 확인해주세요!

 오진화  이주연  이채영

*카카오톡 "물어보안" (한국공항공사 AI챗봇) 채널 추가 시 기내반입 가능여부 물품을 확인할 수 있어요!

또 꺼내기 귀찮은 탑승권, 왜 자꾸 확인하는 걸까요?

 고가연  송주희   오진화

안전과 보안을 위해 탑승권 확인이 꼭 필요해요.

탑승권을 계속 보여달라고 해서 귀찮죠? 그렇지만 탑승권을 확인하는 여러 가지 중요한 이유가 있어요! 그 중 가장 중요한 이유는 안전과 보안 때문이에요. 승무원은 탑승권에서 날짜와 편명*을 확인해서 올바른 승객이 올바른 비행기에 타는지 확인해요. 올바른 인원이 비행기에 탑승하면 안전한 여행을 시작 한답니다.

그리고 탑승권 확인은 엉뚱한 사람이 비행기에 잘못 타지 않도록 돕는 역할도 해요. 대만으로 가야 하는 사람이 일본으로 가는 비행기에 타면 안 되겠죠? 이런 일을 막기 위해서도 탑승권을 확인한답니다.

삐빅! 탑승구에서 탑승권의 바코드를 기계에 찍으며 입장 인원을 세고
딸깍! 비행기 출입구에서 승무원이 계수기*로 유효한 탑승권인지 다시 한 번 세고

두 개를 합쳐 '탑승구를 지난 승객의 수와 올바른 탑승권을 보여준 승객의 수'가 똑같아야 비행기 문을 닫고 출발할 수 있어요. 탑승권을 확인하는 건 모두가 안전하게 여행하기 위한 규칙이니 조금 귀찮더라도 승무원에게 올바른 탑승권을 꼭 보여주세요!

***편명**은? 그날에 타는 비행기에게 주어진 특별한 이름이에요. 비행기가 어디로 가는지 목적지를 알려주는 이름이죠. 버스 번호와 같아요! 버스는 잘 못 탔다면 다음 정거장에 내려서 바꿔 타면 되지만, 비행기는 출발하면 도착할 때까지 바꿔 탈 수 없기 때문에 탑승할 때 승무원이 탑승권에 적힌 이 편명을 확인한답니다.
***계수기**란? 물건이나 돈, 사람 수를 세는 기계예요. 은행에서 돈을 세거나, 놀이공원에서 사람의 수를 확인할 때 사용할 수 있어요.

비행기에 짐은 어디에 어떻게 보관해야 하나요?

비행기에서는 세 군데의 장소에 짐을 보관할 수 있어요.

우리 비행기에 들고 타는 짐은 세 곳에 보관할 수 있어요! 먼저, 머리 위에 있는 커다란 선반이 보이죠? 그곳에는 주로 큰 여행용 가방이나 큰 짐을 넣어요.

그리고 지금 앉은 자리에서 앞 좌석 밑을 바라보세요. 그 곳에 직사각형의 공간이 보이죠? 여긴 사람들이 잘 모르는 공간인데 작은 가방이나 쇼핑백을 넣을 수 있답니다! 대신, 통로를 지나갈 때 사람들이 발에 걸려 넘어지지 않도록 직사각형 공간에 안쪽으로 끝까지 들어가도록 잘 넣어주는 거 잊지 않기!

마지막으로 비행기에도 문이 달린 옷장이 있어요. 승무원의 도움을 받아 짐이나 옷을 보관할 수 있답니다. 옷장이 있는 비행기도 있고 없는 비행기도 있으니 한 번 찾아보세요!

그리고 이건 꼭 알아야 하는데, 옆자리에 사람이 없다고 해서 의자 위에 짐을 올려두면 안 돼요. 왜냐하면 짐이 고정되지 않아서 떨어질 위험이 있기 때문이죠! 마지막으로 핸드폰이나, 책과 같이 작은 짐은 앞쪽 주머니 속에도 보관할 수 있습니다.

박은희 송주희

2장. 비행기를 탑승할 댄

보조배터리는 왜 기내 선반에 두면 안 되나요?

보조배터리는 잘못 사용하면 불이 날 수도 있어요.

스마트폰, 무선 이어폰, 태블릿 PC 같은 전자기기를 충전해 주는 보조배터리. 보조배터리는 많은 에너지가 들어있는 편리한 도구이지만, 잘못 사용하면 불이 날 수 있어요.

특히, 우리가 자주 사용하는 리튬-이온 배터리*는 너무 오래 충전하거나 너무 뜨거워지면 배터리 안에서 가스가 생겨요. 배터리 안에 가스가 차면 배터리 안의 압력이 높아져 배터리를 보호하는 분리막*이 녹게 돼요. 그러면, 배터리 안에서 전기를 만들고 저장하는 두 부분이 서로 닿아서 강한 전류*가 흐르고, 배터리가 뜨거워져서 불이 날 수 있어요. 또한, 보조배터리를 떨어뜨리거나 무거운 물건에 눌리면 분리막이 손상될 수 있어서 항상 안전하게 보관해야 해요. 너무 오래 충전하지 말고, 충격을 주지 않아야 해요.

그럼, 비행기에서 보조배터리는 어떻게 보관해야 할까요? 비행기 안에서는 보조배터리를 직접 가지고 있거나, 좌석 앞주머니에 넣어두는 게 좋아요. 짐 사이에 껴서 눌리지 않게 하고 선반에 보관하지 않도록 해야 해요. 만약 스마트폰이나 보조배터리가 좌석 사이로 떨어지면 무리하게 꺼내지 말고, 승무원에게 도움을 요청하세요.

 오진화  오정유

***리튬-이온 배터리:** 전기를 저장해두는 상자와 같아요. 배터리 안에 미리 전기 에너지를 담아 두었다가, 우리가 스마트폰이나 노트북에 전기가 필요할 때 꺼내어 쓸 수 있어요.

***분리막:** 배터리 안에서 전기가 안전하게 흐를 수 있게 도와주는 보호막이에요.

***전류:** 전기가 전선을 따라 흘러 기기들이 작동하게 만드는 힘이에요.

비행기가 뜨고 내릴 때 등받이를 왜 제자리로 해야 하나요?

비상상황을 대비해서 등받이를 제자리로 해요.

이 글을 읽는 동안 등받이를 내려볼까요? 슈웅~ 재밌죠? 하지만, 비행기가 뜨고 내리기 전에는 모든 좌석의 등받이를 제자리로 해야 해요. 왜냐하면 비상상황에 안전하게 대비하기 위해서예요.

비상상황에서 등받이가 뒤로 내려가 있으면 어떻게 될까요? 앞사람의 등받이 때문에 탈출할 때 몸이 부딪히거나, 비상구로 빠져나가는 데 시간이 더 걸릴 수도 있어요. 등받이를 제자리로 하면, 공간이 넓어지니까 조금 더 빨리 문으로 뛰어갈 수 있죠.

팔걸이와 테이블을 제자리로 하는 것도 같은 이유랍니다! 또, 비행기가 뜨고 내릴 때 창문 덮개를 열어야 하는 이유는 비상상황 시 비행기 밖이 어떤 상황인지 확인하기 위해서예요.

마지막으로, 비행기가 내리기 전에는 비행기 안쪽과 바깥쪽의 밝기를 비슷하게 해요. 갑자기 밝기가 달라지면 우리 눈이 앞을 잘 보지 못할 수도 있거든요. 갑작스러운 상황에서 모든 물체가 잘 보이게 미리 우리 눈을 준비해 두는 거랍니다.

이제 이런 비밀을 알았으니, 비행기가 뜨고 내릴 때 옆에 있는 등받이 버튼을 눌러서 스윽~ 제자리로 올려봅시다!

고가연 박은희 송주희

제 동생은 아기인데, 동생도 옆에 앉을 수 있나요?

태어난 후 7일부터 만 2세 미만의 아기는 보호자 한 명이 같이 타야 해요.

동생처럼 아직 작고 힘이 약한 아기들은 혼자 앉을 수 없어요. 태어난 후 7일부터 만 2세 미만의 아기는 엄마나 아빠처럼 아이를 돌봐 줄 보호자 한 명이 같이 타야 해요. 비행기가 움직이면 몸이 흔들리고 넘어질 수 있거든요. 어른이 동생을 안고 탄다면 옆에 동생과 같이 앉을 수 있답니다!

그리고 한 가지 더 알려주자면, 동생이 '안전의자'에 앉으면 옆에 앉을 수 있어요. 어른이 개인적으로 가져온 유·소아 안전의자*를 좌석에 설치할 수 있답니다. 비상구열*을 제외한 창문 쪽 좌석에 설치할 수 있고, 비상구열 앞, 뒤 열에서는 사용이 어려워요. 승무원이 좌석벨트를 이용해서 좌석에 고정해 줄 거예요.

물론 나중에 친구들처럼 동생이 더 자라면 동생도 옆자리에 앉을 수 있을 거예요. 하늘을 날아다니면 구름 친구들과 바람 친구들을 자주 만나요! 힘이 센 바람 친구들을 만나면 넘어질 수 있으니, 여러분도 항상 좌석벨트를 몸에 꼭 맞게 매주세요.

박은희   송주희

*유·소아 안전의자란? 기내에서 사용이 가능하다는 제품 인증 표시가 있는 기내용 카시트를 말합니다. 인증 표시는 국가인증기관에서 해줘요. 유아가 좌석이 필요한 경우 먼저 좌석을 구매하고 승무원의 도움을 받아 좌석에 설치합니다.
*비상구열이란? 숫자 12, 14가 쓰여있는 좌석들이에요. 비행기 중간에 문이 4개 있는 게 보이죠? 이곳이 바로 비상구열이에요. 비상시에 사람들이 빠르게 비행기를 빠져나갈 수 있도록 준비된 곳입니다.

우리집 강아지와 함께 비행기를 타고 싶어요!

강아지와 함께 이동하기 위해선 반려동물 이동가방이 필요해요.

강아지와 함께 비행기를 타고 싶은 친구군요! 비행기를 타고 강아지와 함께하는 안전한 비행을 위해 몇 가지 지켜줘야 할 것이 있답니다. 먼저, 반려동물 이동가방은 비행기 좌석 밑에 쏘옥 들어가야 해요. 또 반려동물 이동가방은 강아지 크기보다 넉넉해야 하고, 숨을 쉴 수 있는 구멍이 필요해요. 물로부터 보호할 수 있도록 방수*처리가 되어야 하고, 잠금장치도 필요하고, 비상시에 밖에서 잠금장치를 열 수 있어야 해요. 항공사마다 반려동물의 비행기 탑승에 대한 규정과 절차도 다를 수 있으니 미리미리 이용하고자 하는 항공사에 꼭 확인을 해주세요.

그렇다면 강아지에게 가장 안전한 좌석은 어딜까요? 바로 반려동물 이동가방이에요. 오히려 좌석 위는 많은 사람들과 낯선 환경으로 강아지가 불안해할 수 있답니다. 반려동물 이동가방은 갑작스러운 난기류에 대비하기 위해 꼭 앞 좌석 아래쪽에 놓아주세요.

새 친구는 철재로 된 이동장이 필요해요. 새 친구가 비행기 안에서 편하게 잘 수 있도록 이동장은 불투명한 천으로 꼭 가려주세요.

*방수란? 물에 젖지 않도록 막는 것이에요.

비행기가 너무 흔들려요.
원래 이렇게 흔들리나요?

바람 때문에 비행기가 흔들릴 땐 좌석에 앉아서 좌석벨트를 매고 기다려야 해요.

비행기가 흔들리는 건 하늘 위의 날씨 때문이에요. 하늘에는 구름 친구와 바람 친구가 살고 있어요. 비행기를 타고 창문으로 보면 더 가까이 만날 수 있죠. 친구들 중엔 힘이 세고 몸이 큰 친구들도 있어요. 하늘을 날다가 큰 친구들을 만나서 부딪히면 비행기가 흔들거려요. 비행기는 앞으로 날아가는데 바람이 옆으로 불면 비행기는 바람을 이겨내느라 힘들겠죠?

비행기가 많이 흔들리면 우리 친구들도 위험할 수 있으니 꼭 좌석벨트를 내 몸에 맞게 착용하고 좌석벨트 그림에 켜진 불이 꺼질 때까지 앉아 있어야 한답니다!

기장님은 언제 이 친구들을 만나는지 알 수 있어요. 친구들을 만나기 전, 기장님은 승무원에게 '띵!'하는 종소리와 함께 알려주세요. 이때 승무원이 "벨트를 매주세요!"라고 말한다면 꼭 넘어지지 않게 자리에 앉아서 벨트를 매주세요.

화장실에 있는데 비행기가 흔들린다고요? 그렇다면 화장실 벽에 붙어있는 손잡이를 잡고 몸을 고정하면 돼요. 내 자리까지 돌아가기가 멀다면 근처 가까운 좌석에 앉아서 좌석벨트를 매고 기다려야 해요. 무섭거나 위험할 때는 승무원에게 도움을 청하는 것, 잊지 마시고요! 조금만 기다리고 있으면 승무원이 슈퍼맨처럼 슝~하고 나타나서 도와줄 거예요!

오진화

3장. 비행기가 흔들흔들, 마음이 두근두근 해요

마음이 두근두근 불안해요.

불안한 마음이 들 때는 다음 세 가지 방법을 따라해보세요!

갑자기 구름과 하늘이 가까워져서 심장이 두근두근하는 듯한 증상이 있을 수 있어요! 이건 어른들에게도 생길 수 있는 일이랍니다. 이럴 때는 아래 세 가지 방법을 따라 해 보세요. 도움이 될 거예요.

첫 번째, 좌석벨트 표시등이 꺼져 있다면 잠시 좌석벨트를 풀고 숨을 깊게 천천히 숨을 들이쉬고 내쉬면 마음이 편해질 거예요. 이제 기지개를 쭉 켜고 비행기 앞에서 뒤까지 한번 걸어보세요.

두 번째, 따뜻한 물을 마시면서 옆에 있는 가족들과 재밌었던 일에 대해 이야기를 하는 것도 도움이 된답니다. 여행에 가서 어떤 음식을 먹고 어떻게 재밌게 놀지 상상해볼까요?

세 번째, 창문 덮개를 내려서 밖이 보이지 않게 해 보세요. 또한 책이나 영화, 음악처럼 집중할 수 있는 다른 일들을 해보아요.

혹시 오래도록 그런 불안한 마음이 계속된다면 머리 위에 있는 승무원 호출 버튼을 눌러 승무원이 알 수 있도록 말해주세요! 승무원이 도움을 줄 거예요!

 김희진   송진  이채영

귀가 아파요. 어떻게 해야 하나요?

기압차* 때문에 귀가 아플 때는 아래 방법을 따라해보세요.

비행기가 올라가고 내려갈 때 기압차가 발생하면, 어린 친구들은 아직 성장 중이라서 귀가 쉽게 아플 수 있어요. 귀가 먹먹해져서 엄마가 하는 말이 잘 안 들리는 것 같고, 귀가 찢어질 것처럼 아플 수도 있답니다.

그때는 침을 삼키거나 미리 준비한 껌을 씹거나 물을 천천히 오래 삼키는 것도 도움이 됩니다. 특히 신맛이 나는 것을 먹으면 좋아요. 또한 손가락으로 코를 막은 후에 콧바람을 흥 불어보세요! 이를 '발살바 방법'이라고 합니다.

한 가지 방법이 더 있어요! 승무원들이 여러분에게 도움을 줄 수 있는 방법인데요, 종이컵에 따뜻한 물로 적신 티슈를 넣어주세요. 이때, 티슈는 물이 떨어지지 않는 정도가 좋아요. 티슈로 따뜻해진 종이컵으로 양쪽 귀를 덮어주세요. 그럼, 귀가 따뜻해지면서 통증이 가라앉을 거예요!

그래도 많이 아프다면 꼭 승무원을 불러주세요!

김희진

송진

이채영

***기압차**란? 공기가 서로 누르는 힘의 차이를 뜻해요

피부가 바삭바삭 건조해졌어요.

비행기의 공기는 사막만큼 건조해요.

높은 곳에 올라가면 자외선* 세기가 증가하고 습도는 줄어들게 돼요. 비행기 안의 습도*는 약 10% 정도로 촉촉함이 부족해요. 예를 들어, 우리가 생활하는 일상 습도는 40~50% 정도이고 뜨거운 해가 내리쬐는 사막의 평균 습도는 약 15~30%이니 비행기 안이 얼마나 건조한 지 상상이 되나요?

또한 비행기의 공기는 바깥의 아주 차가운 공기를 빨아들여서 엔진의 열로 가열한 후 실내로 들어오게 돼요. 공기를 가열하면 수분은 마르고 그로 인해 비행기의 공기도 건조해집니다. 비행기 안에서 잠시 자고 일어났을 때 목이나 코가 건조하고 피부가 바삭바삭 당기는 이유도 바로 건조하기 때문이랍니다! 이렇게 건조한 비행기에서는 물을 자주 마시고 촉촉함을 유지해 주는 게 좋아요.

마지막으로, 비행기 안에서는 눈이 건조해지지 않기 위해 렌즈 대신 안경을 착용하는 것이 좋답니다! 평소에도 코피가 많이 나는 친구라면 코와 입의 건조함을 줄여주는 마스크를 추천해요. 건조한 비행기를 탈 때 필수품들 꼭 기억해주세요!

 김희진  이채영   오진화

***자외선**이란? 눈으로 볼 수 있는 빛보다 파장이 짧은 전자기파를 말해요. 과도하게 노출될 경우 피부가 상할 수 있어요.
***습도**란? 공기에 포함된 수증기의 양을 뜻해요. 기체가 되어 공기 중에 떠다니게 된 물이랍니다.

다리가 붓고 몸이 찌뿌둥해요.

혈액순환이 잘 안되어 찌뿌둥할 때는 아래 운동을 따라해보세요!

비행기에 앉아 있으면 퉁퉁해지는 다리와 찌뿌둥한 몸은 기분 탓이 아니에요! 비행기에서 오랜 시간 앉아있으면 혈액 순환이 잘 안될 수 있기 때문이죠. 그러니 비행기를 오래 탈 때는 종종 몸을 늘려 시원하게 스트레칭을 해주는 게 좋아요. 몸이 찌뿌둥하다면, 지금 한번 따라해 보세요.

양 손바닥으로 비행기 의자 시트를 누른 채로 좌석 아래 앞 공간으로 두 발목을 쭉 펴고 당기기를 반복해 보세요. 발목과 함께 종아리까지 시원해지는 느낌이 든답니다!

팔 운동도 해주어야겠죠? 옆 사람과 부딪히지 않게 조심스레 양팔을 위로 올리고 늘려주세요. 깍지를 끼거나 손과 손을 잡은 채로 하면 더 좋아요.

양팔을 위로 올려 오른쪽 손바닥이
왼쪽 손등을 잡게 하고

오른쪽 팔꿈치가 오른쪽 갈비뼈에
닿도록 접었다가 쭉 펴기

왼쪽 팔꿈치가 왼쪽 갈비뼈에
닿도록 접었다가 쭉 펴기

이렇게 두세 번만 반복해도 비행기
안에서 뻐근해진 몸이 시원해질
거예요.

 박은희    송진

 윤인섭    오진화

높은 곳에서는 기압차 때문에 과자봉지가 부풀어올라요.

비행기에 과자봉지를 들고 타면 신기한 마술을 볼 수 있어요. 과자봉지에 바람을 넣지 않아도 풍선처럼 아주 빵빵해진답니다. 이 마술의 비밀이 궁금하지 않나요?

그 비밀은 바로, 기압차 때문이에요. 비행기가 하늘 위로 올라갈수록 비행기 속 공기들은 구름처럼 두둥실두둥실 떠다녀요. 서로 모여 있지 않고 퍼져 있으려고 하는 힘이 강해진답니다! 비행기에 같이 타고 있는 과자도 마찬가지예요! 과자 봉지 속 같이 들어있는 공기들도 서로 멀어지려고 한답니다. 그래서 빵빵해진 과자봉지를 볼 수 있어요.

과자 봉지가 터질까 봐 걱정된다고요? 걱정 말아요. 비행기는 기압 조절 시스템을 갖추고 있어서 비행기 안 기압을 안전하게 유지할 수 있거든요.

비행기에서 이렇게 커진 과자봉지를 뜯을 때는 아주 조심해야 해요! 풍선처럼 빵! 하고 터질 수 있거든요. 그래서 비행기에서 간식을 먹을 때에는 천천히 살살 뜯어야 아주 맛있게 먹을 수 있답니다.

 고가연   김희진

비행기 창 밖에 있는 구름이 궁금해요!

구름은 높이와 생김새에 따라 이름이 달라져요.

비행 중에 만날 수 있는 구름에는 많은 종류들이 있어요. 저마다 생김새도 다양하죠. 구름의 종류는 그 높이에 따라, 상층운, 중층운, 하층운으로 나눌 수 있어요.

먼저, 상층운은 수증기가 얼어붙은 얼음 결정이 모여있는 구름이에요. 보통 희미하고 투명한 색깔의 깃털이나 좁은 띠, 생선 비늘 같은 모양을 하고 가장 높은 하늘에 떠 있어요.

중층운은 물방울이 모여있는 구름이에요. 흰색이나 회색의 몽글몽글 양떼구름이 입체감 있게 흩어져 있거나 여러 가지 고운 빛깔을 나타내기도 해요.

하층운은 비를 머금고 있는 경우가 많고 낮은 하늘에 떠 있어요. 하층운이 땅에 닿으면 안개라고 불러요. 어두운 회색을 띤 하층운에서는 비나 눈이 내린답니다.

그 중에, 터뷸런스*를 유발하는 구름은 수분이 차 있고, 수직으로 발달해 있어요. 비행기가 이런 구름 속을 지나가면 비행기가 흔들리는 현상이 일어날 수 있어요. 조종사는 레이더 시스템을 통해 수분 농도*를 확인해서 이런 구름을 피하거나, 흔들림이 약한 곳으로 지나간답니다.

지금 여러분이 앉아 있는 창가에서 보이는 구름은 어떤 구름인지 한번 생각해 볼까요?

 김다혜   조재훈

*터뷸런스(turbulence)란? 비행기가 지나가는 길(기류)이 불안정하여 기체가 흔들리는 것을 말해요.
*농도란? 물이나 공기 같은 물질의 진한 정도를 뜻해요.

비행기가 하늘을 날 때, 새는 어떻게 피할 수 있어요?

비행기가 뜨고 내리는 길에서 새들이 비행기와 부딪히지 않도록 여러 가지 방법으로 새들을 쫓고 있어요.

만약 빠르게 날아가는 비행기에 새들이 부딪힌다면? 새도 다치고, 비행기도 다칠 수 있겠죠? 그래서 공항에 근무하는 전문가들은 순찰을 하며 새 떼를 찾아내요. 그뿐만 아니라, 새의 체온으로 새를 찾아내는 조류 탐지용 열화상 카메라를 사용하거나, 10km만큼 멀리 떨어진 새를 찾아낼 수 있는 원거리 조류 탐지 레이더도 점점 더 많은 공항에 설치되고 있답니다.

그리고 공항 주변에는 새들이 자주 모일 수 있는 곳이 없도록 해요. 과일이 많이 열리는 과수원이나 새들이 쉴 수 있는 보호구역 같은 곳이 공항 가까이에 있으면, 새들이 자주 찾아올 수 있기 때문이에요.

그래서 이런 곳들이 공항 근처에는 들어설 수 없게 되어 있어요. 이런 여러가지 준비와 노력으로, 비행기와 새들이 서로 부딪히지 않고 안전하게 하늘을 날 수 있답니다.

 고가연   오정유

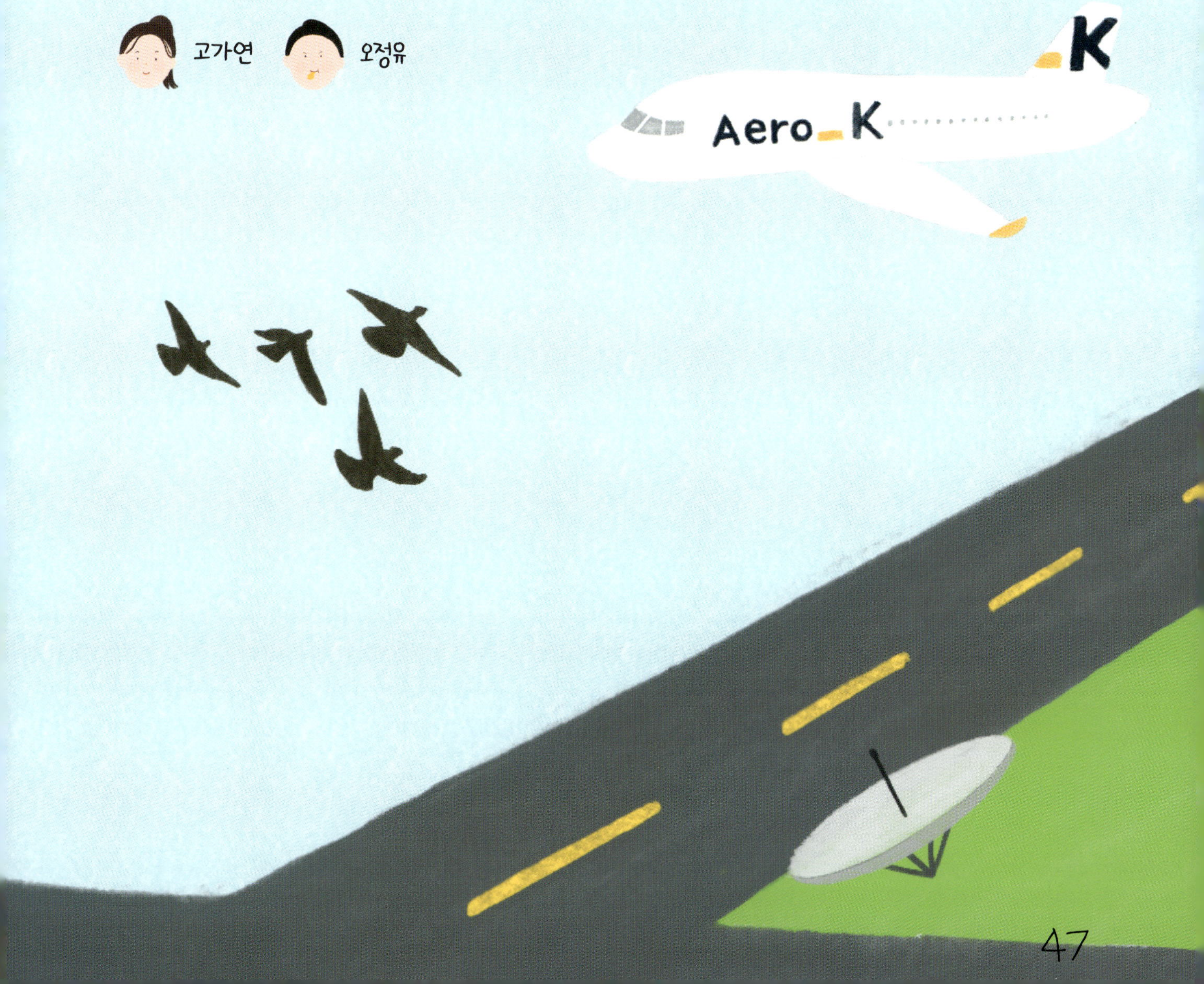

좌석벨트 그림은 언제 켜지고 언제 꺼지나요?

비행기가 흔들리지 않으면 좌석벨트 표시등은 꺼지지만, 자리에서는 항상 좌석벨트를 매고 있는 게 안전해요.

앉은 자리에서 위쪽을 바라보세요. 좌석벨트 표시등이 보이죠? 자동차의 안전벨트처럼, 비행기에도 우리를 안전하게 해주는 안전벨트가 있어요! 우리는 그 벨트를 좌석벨트라고 불러요.

먼저, 비행기에 탑승하면 좌석벨트 표시등이 켜져 있을 거예요. 왜냐하면 모두의 안전을 위해, 비행기가 움직이기 전 좌석벨트를 매야 하기 때문이에요. 그리고 비행기가 안전한 높이에 도착하고, 비행기가 흔들리지 않으면 좌석벨트 그림은 꺼지게 돼요. 이때 우리는 자유롭게 화장실도 갈 수 있고, 움직일 수 있어요.

그렇지만, 갑자기 비행기가 흔들릴 수 있으니 자리에 있을 때에는 좌석벨트를 항상 매는 것이 안전해요. 엄마와 화장실을 가던 중에 비행기가 갑자기 흔들린다고요? 갑자기 비행기가 흔들리면 좌석벨트 그림이 다시 켜지기도 한답니다. 그때는 바로 가까운 자리에 앉아 벨트를 매야 해요.

비행기가 도착 준비를 하면서 내려가기 시작할 때도 좌석벨트 표시등이 다시 켜져요. 이때, 안전을 위해서 꼭 좌석벨트 매 주기 약속!

 박은희    송주희

4장. 좌석에 앉아 있는데 화장실에 가고 싶어요

제 동생이 기저귀에 응가를 했대요!

아구! 아주 건강한 동생이네요! 응가 때문에 배가 아프면 우리는 어디로 가나요? 맞아요! 화장실로 달려가야 합니다. 우리 비행기에도 화장실이 있으니 화장실을 이용해주세요. 비행기의 앞쪽과 뒤쪽에 화장실이 있답니다.

비행기에 있는 화장실에는 특별한 비밀이 숨겨져 있어요. 바로 아기 기저귀를 갈 수 있는 받침대가 있답니다. 화장실 변기 위쪽을 보면 커다란 판이 보이고, 손잡이를 잡고 내리면 기저귀 갈이대가 짜잔!! 하고 나타난답니다. 여기에서 응가를 갈면 동생도 부끄럽지 않고, 물과 휴지를 사용할 수 있으니 깨끗하게 기저귀를 갈 수 있겠죠? 기저귀를 갈 수 있는 받침대가 없는 화장실도 있으니 화장실 문을 열기 전에 문에서 기저귀 교환대 그림을 찾아보세요!

 박은희    송주희

화장실에서 물을 내렸더니 너무 시끄러웠어요.

비행기의 화장실은 공기의 힘을 사용해요.

비행기 화장실에서 물을 내리다가 큰 소리에 깜짝 놀란 적 있나요? 비행기의 화장실은 집에 있는 화장실과는 다른 방법으로 물을 내린답니다. 집에서는 물의 중력*을 이용하고 비행기에서는 공기의 힘을 사용하죠.

하늘 위에서는 우리 집 화장실처럼 많은 물을 사용할 수가
없어요. 비행기에 실리는 물은 라면이나 따뜻한 차도 만들어야
하고, 아기의 분유도 타야 하고, 여러 가지로 쓰이는 일이
많거든요. 그래서 비행기 화장실은 물보다 공기를 더 많이
사용하도록 되어 있답니다. 약간의 물이 나와서 변기를
씻겨주고, 공기가 배설물을 커다란 청소기처럼
빨아들이는 원리예요.

내림 버튼을 누를 때 시끄러운 소리가 나는 이유는
"위잉 슉!" 하고 힘센 공기가 삼켜버리기 때문이에요.
큰 힘을 써야 오물이 있는 저장고까지 완전히 옮길 수
있기 때문에 그만큼 소리가 시끄럽게 나는 거랍니다.
이제는 큰 소리가 나도 놀라지 말아요!

비행기 화장실에서는 공기의 힘을 슉슉 빌린다는 것! 이제 아시겠죠?

 오진화

***중력**이란? 지구가 물건을 잡아당기는 힘을 뜻해요.

갑자기 옆에 있는 사람이 쓰러졌어요. 어떻게 해야 하나요?

쓰러진 사람이 있다면 주위 어른에게 큰 소리로 도움을 요청해야 해요.

쓰러진 사람이 있다면 주변에 빨리 알려주세요. 큰소리로 "도와주세요~"하고 외쳐주세요! 비행기 속 승무원들은 승객의 기내안전요원으로서 늘 도와줄 준비를 하고 있어요. 쓰러지는 모습을 직접 봤다면 어떤 상황인지 최대한 자세히 말해주세요. 쓰러지면서 머리를 어딘가에 부딪혔다거나 충격이 있었다면 응급처치의 방법이 달라질 수 있거든요.

도움을 줄 어른이 오는 동안 환자의 어깨를 살짝 두드리며 의식이 있는지 말을 걸어보세요. 그다음, 숨을 쉬고 있는지 확인해 보세요. 눈으로 가슴이 오르락내리락하는지 확인하거나 귀를 직접 대서 숨소리를 들어보세요. 말을 걸었을 때 대답이 없고 숨소리가 너무 약하다면 뇌에 피를 최대한 많이 공급해 주기 위해 머리를 낮게 하고 다리를 높게 들어주세요. 옷이 꽉 끼거나 벨트를 하고 있다면 느슨하게 풀어주세요.

의식이 없는 환자에게 물이나 음료를 주는 행동은 정말 위험하니 절대로 하면 안 됩니다. 조금만 기다리면 저희 승무원들이 와서 응급처치를 할 거예요.

비상상황이 생기면 어떡해요?

비상상황에는 승무원의 지시를 따라야 안전해요.

비행기가 비상상황을 마주했을 때 긴급히 육지에 내리는 것을 비상착륙이라고 해요. 바다나 강에 내리는 것은 비상착수라고 하죠. 이럴 때 승무원들은 최대한 빠른 시간에 모든 승객을 안전하게 탈출시켜야 해요.

비상상황이 발생했을 때는, 여러분들을 안전하게 도와줄 승무원의 지시를 잘 따라 주세요. 비상상황이 발생하면 승무원들은 "머리숙여! 자세낮춰!"와 같은 말들을 큰 소리로 외칠 거예요. 이때, 큰 소리에 놀라지 말고 승무원 말을 잘 듣고 따라해주세요.

한 가지 정말 중요한 점이 있는데, 탈출할 때 여러분이 가지고 온 짐을 챙기려고 하면 절대 안 돼요. 만약 소지품을 챙겨서 나간다면 짐을 꺼내느라 비행기에서의 탈출이 느려지고 소지품을 들고 통로를 이동한다면 이동 공간도 좁아져서 서로 부딪혀 다칠 수 있거든요.

승무원은 어떻게 대처하면 빠른 시간 안에 모든 승객을 탈출시킬 수 있는지, 비상구가 어디에 있는지 등 수많은 비상상황에서 훈련을 받은 안전 전문가이기 때문에, 여러분이 승무원의 지시를 따른다면 분명히 더 안전할 거예요!

 송진   신주식   이주연

비행기에 있는 비상장비들이 궁금해요!

비행기에는 비상탈출 장비, 화재진압 장비, 응급처치 장비, 안전·보안 장비가 있어요.

비상탈출 장비부터 알아볼까요? 비행기의 모든 비상구에는 탈출 미끄럼틀이 연결되어 있어요. 또, 비상탈출에 쓰이는 비상조명과 손전등도 있습니다. 이것들이 우리가 어두운 상황 속에서도 안전하게 탈출할 수 있게 도와주겠죠? 그리고 비행기가 물 위에 내렸을 때 우리가 착용할 구명조끼는 모든 좌석 밑에 있어요. 탈출 이후에 우리의 위치를 알릴 수 있는 '조난위치신호기'라는 장비도 있답니다.

화재 진압장비로는 모두 잘 알고 있는 소화기가 있어요. 소화기는 불을 끄기 위해 꼭 필요한 장비예요. 하지만 불을 끄는 도중에 연기가 많이 날 수 있어요. 그래서 승무원들은 얼굴을 보호하기 위해 '호흡보호장비'를 착용해요. 이 장비는 연기가 눈과 코에 들어오는 것을 막아줘요. 그럼 불을 끌 때 더 쉽겠죠? 그리고 보호 장갑도 있어요. 뜨거운 물체를 들어야 하는 경우 사용할 수 있어요. 그리고 마지막으로 우리가 탈출할 때 여러 가지 용도로 사용할 수 있는 손도끼가 있습니다.

응급처치 장비에 대해 알아볼까요? 비행기에는 아픈 사람을 치료할 수 있는 응급처치 장비가 있어요. 구급상자는 의사가 사용할 수 있는 상자가 있고, 또 승무원이 사용할 수 있는 상자가 있답니다. 우리가 가끔 머리가 아프거나 배가 아프면 먹을 수 있는 작은 약품 상자도 있어요. 그리고 우리가 학교, 지하철 등 어딜 가도 볼 수 있는 자동심장충격기가 비행기에도 있어요! 좌석 위에는 비상 상황에서도 안전하게 숨을 쉴 수 있게 도와주는 산소마스크가 있고 승무원들이 사용할 수 있는 휴대용 산소 공급기도 있답니다.

안전·보안 장비에 대해 살펴볼까요? 경찰 아저씨들은 나쁜 사람들을 잡기 위해 총, 수갑을 가지고 다니죠? 우리 승무원들도 나쁜 사람들을 잡기 위해 비슷한 물건들이 있어요. 묶을 때 사용하는 밧줄과 수갑이 있고 전자충격기도 있답니다. 승무원들은 이 물건들을 사용해 승객들을 지킬 수 있어요. 승무원도 경찰과 같이 비행기에 탄 사람들을 지켜준답니다.

 신주식   이주연   이채영

5장. 비행기에서 비상상황이 발생했을 땐

비행기가 추락하고 있어요. 어떻게 하나요?

비행기가 추락할 때는 충격 방지 자세를 해야 해요.

먼저, 좌석벨트를 착용하세요. 좌석벨트는 몸을 고정해서 충격으로부터 여러분을 지켜줄 거예요. 그리고 좌석 등받이와 테이블을 제자리로 해주세요. 그다음엔, 충격을 줄여주기 위한 충격 방지 자세를 해야 해요!

앞좌석이 없거나 거리가 먼 좌석에 앉아 있다면, 발목을 잡고 머리를 숙여 무릎 위에 고정해 주세요.

앞좌석이 있다면, 앞좌석을 잡고 이마를 손등에 대거나 머리를 숙여 양손으로 머리를 감싸세요.

발이 땅에 닿지 않는 어린이는 양팔로 허벅지를 감싸고 머리를 숙여 무릎 위에 고정해 주세요.

비행기가 완전히 멈춘 후에, 승무원의 지시에 따라 탈출해야 해요! 탈출하는 문은 비행기 앞과 뒤, 그리고 중간에도 있어요. 승무원의 지시에 따라 움직여주세요!

탈출 미끄럼틀을 탈 때는 안전하게 타고 내려갈 수 있도록 모든 짐을 버리고 타야 해요. 특히 날카로운 물건에 탈출 미끄럼틀이 손상될 수 있으니, 소지품을 버리고 탈출하세요. 탈출 미끄럼틀 앞에서 망설이지 말고 양팔을 앞으로 뻗은 후 뛰어주세요. 우리가 놀이터에서 탔었던 미끄럼틀처럼 타고 내려가면 돼요!

자세한 내용은 비행기가 날기 전 승무원들이 직접 보여줄 테니 앞쪽에 있는 승무원을 잘 지켜봐주세요.

 송진  신주식  윤인섭   이주연

비행기가 물 위에 비상착수* 했어요.

구명복은 물에 뛰어들기 바로 전에 부풀려야 해요.

여러분이 사용할 수 있는 구명복은 모든 좌석 밑에 준비되어 있어요. 승무원의 지시에 따라 구명복을 미리 입고, 탈출할 때 구명복의 앞쪽에 있는 빨간색 손잡이를 잡아당겨 부풀려주세요. 구명복은 손잡이를 잡아당기면 저절로 풍선처럼 부풀어요.

여러분의 구명복은 노란색이고 승무원은 주황색이에요. 도움이 필요할 땐 주황색 조끼를 입은 승무원을 찾아주세요. 유아를 동반한 승객은 승무원이 유아용 구명복을 가져다줄 거예요. 그때 보호자가 아이에게 구명복을 입혀주세요!

비행기에서 탈출할 때 중요한 점은 미리 구명복을 부풀리는 것이 아니라, 물로 뛰어들기 바로 전에 구명복을 부풀리고 물에 뛰어들어야 한다는 점입니다. 물에 뛰어들었으면, 비행기로부터 멀리 이동하세요. 이때 우리 승무원들이 위험한 비행기로부터 안전한 곳으로 이동시키기 위해 바람의 반대 방향으로 여러분을 멀리 이끌 거예요. 노약자, 임산부, 유아처럼 물에서 버티기 어려운 사람들은 탈출 미끄럼틀 위로 대피하세요. 곧 구조대가 구하러 올 거예요!

 윤인섭   이주연

***비상착수**란? 비행기가 비상상황을 마주했을 때 긴급히 바다나 강에 착륙하는 것을 뜻해요.

비상착수한 다음,
물에서 구조대를 기다리고 있어요.

바다위에서는 '체온 유지 자세'를 해야 해요.

비행기가 물 위에 내렸을 때, 우리는 물에서 구조대가 올 때까지 기다려야 해요. 하지만 물에서 오랫동안 기다리게 되면 우리의 체온이 빠르게 낮아지기 때문에 위험할 수 있어요. 그러니 구조대가 올 때까지 우리는 스스로 체온 유지에 힘써야 해요.

물속에서 하는 '체온 유지 자세'는 우리 몸에서 열이 많이 빠져나가는 목, 겨드랑이, 무릎 뒤를 웅크려서 열이 빠져나가지 않도록 웅크리는 자세를 말해요. 이 글을 읽으면서 같이 한번 따라 해보아요!

① 먼저 팔을 가슴 앞에서 엑스(X)자로 만들어 주먹을 쇄골에 붙여주세요.
② 다리는 한번 꼬아 무릎을 가슴 최대한 가까이 가져와주세요.

아기들이 엄마 배 속에서 있는 자세 같지 않나요? 혼자가 아닌 여럿이 있을 때는 주변 사람들과 서로 팔짱을 끼고 팔과 다리를 최대한 웅크려 체온을 유지해주세요. 혼자 멀리 있으면 구조대가 찾을 수 없기 때문에 다같이 함께 기다려야 한답니다.

승무원들은 구조요청 장비를 가지고 있어요! 물속에서도 승무원의 지시에 따라야 우리가 안전하게 구조대를 만날 수 있다는 것, 잊지 말자고요!

 신주식　 윤인섭　 이주연

이제 비행기에서 내릴 시간이에요!

머리 위에 있는 좌석벨트 표시등이 꺼질 때까진 자리에 앉아서 기다려주세요.

와~ 드디어 도착했어요! 비행기와 작별 인사를 할 시간이 되었어요. 비행기에서 내릴 때는 해야 할 몇 가지 과제가 있어요. 먼저, 비행기가 완전히 멈추고, 머리 위에 있는 좌석벨트 표시등이 꺼질 때까지 자리에 앉아서 기다려주세요. 비행기가 천천히 움직이는 것처럼 느껴져도 실제로는 빠른 속도로 움직이고 있기 때문에 다칠 수도 있답니다.

다음으로, 가지고 온 물건을 빼놓지 않고 들고 가야 해요. 비행기를 탈 때 가지고 온 가방, 간식을 두고 내리면 다시 찾는데 시간이 걸릴 수 있어요. 짐을 잘 챙겼는지 확인한 후에는, 천천히 그리고 안전하게 비행기에서 내려야 합니다. 특히 계단을 이용할 때는 옆 손잡이, 부모님 손을 꼭 잡고 내려가세요. 넘어지면 크게 다칠 수 있거든요.

비행기가 서 있는 위치에 따라 계단을 이용해서 내려가기도 한답니다. 계단을 이용하여 내려갈 때는 앞을 잘 보고 내려가주세요. 계단 아래에서 기다리면 준비된 셔틀버스가 안전하게 데려다 줄 거예요!

 고가연  송진

비행기에서 모든 사람이 다 내리고 나면, 비행기도 쉬는 건가요?

사람이 다 내리면 비행기는 다음 여행을 위한 준비를 시작한답니다.

비행기에서 모든 승객이 다 내리면 먼저, 승무원들이 비행기 안을 꼼꼼하게 점검해요. 좌석 위아래, 앞주머니, 바닥, 창문 주변, 머리 위 선반까지 모두 살펴서 승객이 두고 내린 물건이 없는지 확인하죠. 이렇게 꼼꼼하게 살펴보는 건 비행기의 보안 때문이기도 해요. 만약 나쁜 사람들이 위험한 물건을 놓고 간다고 해도, 승무원들이 철저히 점검해서 다 찾아낼 수 있어요.

점검이 끝나면, 다음 비행을 위해 필요한 물건들을 비행기에 실어요. 비행기에서 사용한 물건들을 내리고, 새로 필요한 것들을 다시 싣는답니다. 예를 들어, 화장실에서 사용된

더러운 물을 빼고 새롭고 깨끗한 물을 채우고, 연료도 다시 넣어요. 그리고 승객들에게 줄 음식과 음료도 새로 카트*에 실어 준비해요. 마지막으로, 내린 승객의 짐은 비행기에서 꺼내고, 새로 올 승객들의 짐이 비행기 짐칸에 들어가게 된답니다. 이렇게 준비가 다 끝나면, 비행기는 다음 여행을 시작할 수 있어요. 승객이 내린 다음에도 비행기는 많이 바쁘죠? 이제 새로운 승객과 함께 새로운 출발지로 떠날 준비를 모두 끝냈으니, 모두 같이 출발하자고요!

오정유 고가연

*카트란? 비행기에서 간식이나 식사 등을 준비하고 나르는 작고 네모난 차예요.

비행기에 중요한 물건을 두고 내렸어요. 찾을 수 있나요?

비행기를 타거나 내릴 때는 깜빡 두고 오는 물건이 없는지 한 번 더 확인해 주세요!

비행기에서 내린 후에는 보안 관리를 위해 다시 안으로 들어갈 수 없어요. 비행기에서 내린 직후라면 비행기 안 승무원에게 좌석번호를 알려주고 놓고 온 물건에 대해 알려주세요. 물건을 찾을 수 있게 도와줄 거예요! 비행기로 다시 돌아갈 수 없다면 맡긴 짐을 찾는 곳에 운송직원이 있어요. 도움을 요청해 보세요!

잃어버린 물건이 어떻게 생겼는지, 또 어느 자리에 앉았었는지 자세하게 말해줄수록 더 빨리 찾을 수 있어요. 근처에 승무원이 없다면 같은 항공사의 공항 직원을 찾아가세요! 물어봤는데도 찾을 수 없었다고요? 그렇다면 공항 유실물센터에 연락해 보세요. 비행기에 두고 내린 물건은 항공사에서 보관하고 공항에서 잃어버린 물건은 주인이 어떤 비행기를 탔는지 모르기 때문에 공항 유실물센터에서 보관하고 있답니다.

 고가연

 송진   오진화

INDEX

객실	8	방수	31
갤리	9	보안	11
계수기	21	부기장	10
기압차	37	분리막	25
기장	10	비상장비	58
농도	45	비상구열	29
레이더 시스템	15	비상착륙	56
리튬-이온 배터리	25	비상착수	63
반려동물	31	습도	39

엔진	16	충격 방지 자세	60
유선형	13	카트	69
유·소아 안전의자	29	탑승권	21
자외선	39	터뷸런스	45
전류	25	편명	21
조종실	8	항공교통관제사	14
좌석벨트	48		
중력	53		
체온 유지 자세	65